OCÉANOS Y MARES

Textos de Stephen Savage

Traducción de Silvina Chauvin

EDITORIAL SIGMAR

Océanos y mares / traducido por Silvina Chauvin. - 1a ed. 1a
reimp - Buenos Aires : Sigmar, 2013.
 32 p. : il. ; 27x23 cm. - (Bajo la lupa)

 ISBN 978-950-11-2829-1

 1. Libros para Niños. I. Chauvin, Silvina, trad.
 CDD 808.928 2

Créditos

El editor agradece los permisos para reproducir
el siguiente material.
(a = arriba, ab = abajo, c = centro, i = izquierda,
d = derecha):

Páginas 4abd Corbis/Louie Psihoyos; 5ci Shutterstock/Paolo
Toscani; 5abi Shutterstock/JuNe74; 8ci Shutterstock/Wesley
Pohl; 9ai Shutterstock/Anton Foltin; 9abi taburinsdino; 11abd
Shutterstock/wupeng; 12ci Corbis/DK Limited; 12ab Natural
History Museum, London; 13ci Natural History Museum,
London; 13cad Shutterstock/Palis Michalis; 13cabd Natural
History Museum, London; 13abd Corbis/Sandy Felsenthal;
15ad Corbis/ Louie Psihoyos; 16abi Mervyn Rees/Alamy;
17c Natural History Museum, London; 19abd Getty
Images/National Geographic; 21a Getty Images/Dorling
Kindersley; 23ad Nature Picture Library/Jose Luis Gomez
de Francisco; 24 Natural History Museum, London;
25ai Corbis/Louie Psihoyos; 25ad Corbis/Louie Psihoyos;
25ci Natural History Museum, London; 29a Corbis/HBSS;
29abi Corbis/Bernardo Gonzales Riga; 29abd Corbis/Louie
Psihoyos; 30cd Shutterstock/Juriah Mosin; 30abd
Shutterstock/Anton Foltin; 31 Shutterstock/slowfish

Contenidos

Elige tu propia exploración

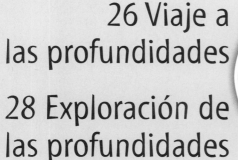

En algunas páginas de este libro encontrarás botones de colores con símbolos. Hay cuatro colores distintos y cada uno corresponde a un tema diferente. Elige un tema, síguelo a través del libro y harás algunos interesantes descubrimientos.

Por ejemplo, en la página 6 vas a encontrar un botón azul junto a unos niños que investigan charcas de marea, como este:

Página 23

Explorando

En el botón figura el número de página. Ve a esa página (página 23) y encuentra algo más acerca de la gente que explora los océanos. Sigue buscando botones y, al término de la expedición, entenderás cómo se conectan los temas y descubrirás más información.

Animales

Conservación

Ciencia

Los otros temas de este libro son Animales, Conservación y Ciencia. ¡Sigue los pasos y ve qué puedes descubrir!

Océanos y mares

Los océanos conforman el mayor hábitat de la Tierra, y se extienden desde los mares costeros poco profundos hasta los amplios océanos abiertos y las oscuras profundidades. Los mares son parte de los océanos. De hecho, todos los océanos están unidos y forman un enorme cuerpo de agua.

Este es el Océano Atlántico, cerca de Lagos, Portugal.

Las aguas costeras poco profundas son seguras para chapotear y nadar.

Las **costas** son los sitios donde la tierra y los mares u océanos se encuentran. Varían desde las playas de arena hasta los escarpados acantilados rocosos. En ellas el agua se eleva y desciende dos veces al día, en un movimiento que se denomina **marea**.

La mayoría de las playas de arena están formadas por pequeños trozos de roca y caracolas.

Una ola, formada en el océano, rompe en la playa.

Este es el Océano Atlántico.

Este es un mar, el Mediterráneo.

Unas 20.000 especies de peces viven en los océanos.

A la **Tierra** se la suele llamar "el planeta azul" porque casi dos tercios de su superficie está conformada por agua salada en forma de océanos y mares. Estos regulan nuestro clima y son una parte importante del ciclo del agua.

Los **océanos** son muy valiosos. Miles de especies animales dependen de ellos, incluidos los seres humanos. El hábitat oceánico es muy delicado y puede dañarse fácilmente, por lo que es importante que cuidemos de los océanos y usemos sus recursos sabiamente.

Bote de pesca

A la gente le encanta vivir cerca del mar y disfrutar los deportes acuáticos como el *surf*, la navegación y el *windsurf*.

En la costa

La costa es el sitio donde la tierra se encuentra con el mar. Puede ser una playa de arena o guijarros, una marisma o un acantilado escarpado. Gran parte de las orillas solo se hallan descubiertas durante la marea baja, cuando aparecen charcas de marea y podemos ver la vida marina.

Página 10

Página 23

Página 10

Página 23

(1) Cangrejo de la orilla.

(2) Chicos jugando y observando la vida marina.

(3) Blenio (un pez).

(4) Mejillones.

Un alga llamada Fucus. Sus bolsas de aire le permiten flotar en la superficie del océano.

¿Qué es esto?

Página 15

Cuando la marea se retira y el nivel del mar desciende, muchas criaturas marinas permanecen en su sitio. Algunas están fijas a las rocas y no pueden moverse, mientras que otras se refugian entre ellas, donde se forman charcas de marea. Los cangrejos y los langostinos buscan restos de alimento, mientras que las estrellas de mar se deslizan buscando qué comer.

5 Langostino.

6 Caracol de mar.

7 Estrella de mar.

8 Vuelvepiedras buscando alimento.

Entre las mareas

La vida de los animales costeros depende del ascenso y el descenso de la marea. Con marea baja, los animales se refugian entre las rocas o se esconden dentro de sus madrigueras en la arena. Las aves zancudas descienden a la arena para alimentarse.

Un pez escorpión se oculta en el fondo de una charca de marea.

Foca atrapada en una red

La **basura** que flota en el mar puede dañar y matar a los seres marinos. Los animales pueden tragar basura y asfixiarse con ella. Muchas ballenas, focas y aves marinas se enredan en viejas redes de pesca y se ahogan.

El **pez escorpión** se encuentra a menudo en la charca de marea, pero es difícil verlo debido a que sus colores se confunden con el entorno. Descansa a la espera, listo para engullir cualquier langostino o pez pequeño que se acerque demasiado.

El berberecho vive bajo la arena.

El berberecho tiene tubos de alimentación que usa para comer pequeñas criaturas.

Este desafortunado langostino está a punto de convertirse en el almuerzo del pez escorpión.

El **cangrejo ermitaño** no desarrolla un caparazón propio como otros cangrejos. En cambio, vive dentro de conchas vacías para proteger las partes blandas de su cuerpo. A medida que el cangrejo aumenta de tamaño, debe encontrar caparazones más grandes.

Las **aves limícolas** se alimentan en costas arenosas y estuarios barrosos durante la marea baja. Cada especie tiene un pico característico adecuado para alcanzar los moluscos y gusanos que viven bajo la arena a distintas profundidades.

El ostrero puede comer gusanos y abrir las valvas de los mejillones.

El chorlitejo tiene un pico corto para atrapar animales justo bajo la superficie.

Un paisaje de coral

Un arrecife de coral es como una colorida ciudad submarina, construida por millones de pequeños animales llamados pólipos de coral. Cientos de diferentes tipos de peces e invertebrados (animales sin columna vertebral) encuentran alimento y refugio en el arrecife, que bulle de vida y color.

2

1

Página 19

¿Qué es esto?

3

1 Pez mariposa de brillantes colores.

2 Tiburón de arrecife de puntas negras recorriendo el arrecife.

3 Almeja gigante, que puede alcanzar 1,3 m de longitud.

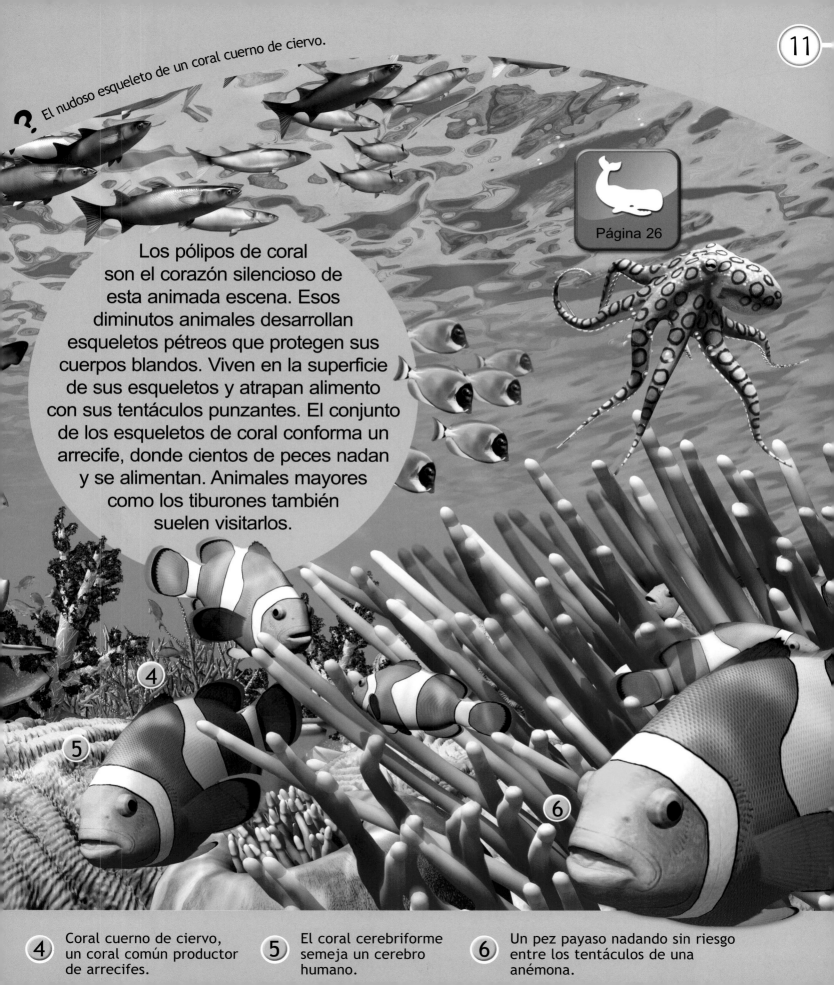

El nudoso esqueleto de un coral cuerno de ciervo.

Página 26

Los pólipos de coral son el corazón silencioso de esta animada escena. Esos diminutos animales desarrollan esqueletos pétreos que protegen sus cuerpos blandos. Viven en la superficie de sus esqueletos y atrapan alimento con sus tentáculos punzantes. El conjunto de los esqueletos de coral conforma un arrecife, donde cientos de peces nadan y se alimentan. Animales mayores como los tiburones también suelen visitarlos.

4 Coral cuerno de ciervo, un coral común productor de arrecifes.

5 El coral cerebriforme semeja un cerebro humano.

6 Un pez payaso nadando sin riesgo entre los tentáculos de una anémona.

La vida en el arrecife

El arrecife es el hogar de una sorprendente variedad de animales. Les provee alimento y refugio. Algunos peces de arrecife cazan entre los corales, mientras que otros encuentran alimento de maneras más inusuales.

Manta raya

Lábrido limpiador

La **manta raya** nada graciosamente agitando sus grandes aletas con forma de alas. Son las mayores de todas las rayas y pueden medir hasta cinco metros de una punta a otra punta de sus aletas. Estos peces son inofensivos para los seres humanos y se alimentan de plancton.

El **lábrido limpiador** establece estaciones de limpieza donde engulle criaturas semejantes a pulgas que viven en otros peces. El lábrido se vale de una danza para atraer a sus "clientes", quienes incluso llegan a permitirle limpiar dentro de sus bocas.

La boca de este colorido pez semeja el pico de un loro.

El **pez loro** usa sus fuertes dientes con forma de pico de loro para alimentarse de algas y pólipos de coral. Cualquier trozo de esqueleto de coral que trague es molido por los dientes en su garganta. Parte de la arena en los arrecifes de coral es, realmente, excremento de pez loro.

Estos grandes cuernos carnosos guían el agua y el plancton dentro de la boca de la raya.

Los brillantes colores del pez león son una advertencia: ¡es venenoso!

Los **corales saludables** son coloridos y están llenos de vida. Algas especiales que viven dentro de los pólipos de coral les proveen el alimento extra que necesitan para construir sus esqueletos pétreos.

Algas (los puntos verdes) que viven en el coral.

Este coral está blanqueado debido a que las algas que vivían en estos pólipos han muerto.

El **coral se daña** cuando la temperatura del mar se eleva debido al calentamiento global. Las temperaturas más elevadas matan a las algas, los pólipos de coral mueren y otras formas de vida marina desaparecen.

Página 27

¿Qué es esto?

1 Pez portaestandarte.

2 Cámara subacuática.

3 La gente bucea en parejas por seguridad.

Explorando un naufragio

Hay muchos naufragios: tristes restos de viajes que terminaron en desastre, ocultos en el lecho oceánico. Bucear para explorarlos es una fascinante oportunidad para descubrir su historia oculta y observar la vida marina de cerca.

4 El traje de buceo conserva la temperatura corporal del buzo.

5 Un mero rojo acecha en la penumbra.

6 Un pez napoleón observa al buzo.

15

Página 22

Los buzos exploran un naufragio y descubren que una obra del hombre se ha transformado en parte del mundo submarino, hogar de muchos animales diferentes. Encuentran esponjas y corales creciendo en la cubierta y observan cardúmenes de coloridos peces que se apresuran a ocultarse dentro de la nave. También encuentran morenas y barracudas acechando y buscando su comida.

Las espinas de un erizo de mar, que lo protegen de los depredadores.

Historias bajo el mar

Cada naufragio tiene una historia que contar. Muchas naves se hundieron durante tormentas, mientras que otras lo hicieron durante batallas navales. Los objetos encontrados a bordo y las naves mismas proveen información valiosa sobre la vida en el pasado, así como claves acerca de por qué se hundió la embarcación.

El mástil aún se ve y puede haber mucho más para que los arqueólogos investiguen en el interior de esta nave.

Coral blando creciendo sobre la cubierta.

Un **arqueólogo marino** es un historiador que estudia la historia humana bajo el agua, ¡los naufragios! Este se encuentra explorando cuidadosamente un barco lleno de botellas de vidrio y frascos, que se hundió durante el siglo XI.

Un **naufragio** en un océano tropical puede convertirse en un arrecife en miniatura. Los restos se transforman en sitios interesantes para la exploración ya que casi toda su superficie se cubre de vida marina.

Estos objetos se exhibirán en un museo.

Monedas de los Tudor del naufragio del Mary Rose.

El **Titanic** se hundió en 1912, y murieron 1517 personas. En 1985, el explorador Robert Ballard descubrió los restos del naufragio a más de 3900 m de profundidad.

Pargos de rayas azules nadando alrededor de un naufragio.

¿Qué es esto?

Página 30

1 Alcatraz buceando para atrapar peces.

2 Delfín nadando velozmente hacia el cardumen.

3 Tiburón cobrizo.

Hora de alimentarse

En el océano abierto no hay dónde esconderse, y muchos peces pequeños viven en grandes grupos llamados cardúmenes. Un cardumen es blanco fácil para un ataque, pero le da a cada pez mayores oportunidades de supervivencia. Tiburones, delfines, focas y aves buceadoras, todos a la vez, los atacan.

5

4

Página 23

Durante el verano, enormes cardúmenes de sardinas viajan a través de la costa este de África, alimentándose de plancton. Estas sardinas nadan como un torbellino de peces plateados llamado banco compacto, cosa que atrae a muchos depredadores que se ignoran entre sí para concentrarse en la captura de los peces.

6

Algunas sardinas; puede haber cientos de miles en un banco compacto.

Océanos llenos de alimento

Los animales marinos han desarrollado muchas formas diferentes para hallar y comer su alimento. Existen cazadores rápidos y aterradores y también, herbívoros lentos y tranquilos. Hay maestros del camuflaje que pueden acercarse a sus presas sin ser vistos y ballenas que atrapan enormes bocanadas de agua.

Los delfines usan su poderosa cola para nadar velozmente y sus aletas para maniobrar.

Las tortugas marinas verdes se alimentan de algas y plantas.

Los delfines son carnívoros.

Los delfines suelen trabajar juntos para atrapar a sus presas, por ejemplo, cuando persiguen a un banco de sardinas. Nadan velozmente y atrapan peces y calamares usando sus dientes puntiagudos. Tragan su alimento entero.

Las tortugas marinas bucean hasta por cinco minutos para alimentarse.

La sepia es un carnívoro.

El camuflaje del **dragón de mar** lo hace parecer un alga flotante. Se mueve a la deriva entre las algas y atrapa pequeños peces y calamares.

La sepia tiene ventosas en sus ocho brazos para atrapar a su presa.

La **sepia** atrapa a sus presas disparando dos largos tentáculos. Tiene un fuerte pico que puede atravesar el duro caparazón de un cangrejo. Al ser atacada, la sepia expele tinta como defensa.

Los dragones de mar se alimentan del diminuto plancton.

Muchos animales marinos comen los minúsculos organismos del plancton.

Las enormes **ballenas jorobadas** también se alimentan del diminuto plancton. En lugar de dientes, tienen barbas con cerdas que usan para tamizar su alimento del agua.

Página 18

Página 27

Las aguas árticas

El Océano Ártico es tan frío que se encuentra cubierto de hielo la mayor parte del año. Al llegar el verano, el hielo comienza a derretirse y el Ártico se llena de vida.
Muchas aves y mamíferos, grandes y pequeños, viajan hacia estas áreas del norte, ricas en alimento.

4 El charrán ártico visita el Ártico cada verano.

5 Al nacer, las belugas son grises.

6 Ballena jorobada.

Página 30

Página 14

¿Qué es esto?

Un grupo de belugas nada en el agua helada. Estas ballenas blancas pasan todo el año en el Ártico. Las focas y morsas también permanecen aquí durante todo el año. Se alimentan bajo el agua pero descansan sobre la tierra. Todos estos mamíferos tienen una gruesa capa de grasa bajo la piel que los mantiene calientes.

Los bigotes de una morsa. Como casi todos los mamíferos, las morsas tienen pelo.

Los mares polares

Durante el verano, en el Ártico hay luz solar las 24 horas. Esto permite que crezcan grandes cantidades de plancton, lo que provee de alimento a los animales que viven allí y atrae a muchos otros visitantes. Sucede lo mismo en la Antártida cuando es verano allí.

Las **focas** nacen en tierra. Los cachorros de la foca arpa tienen una gruesa capa de pelo. Este camuflaje los protege de los predadores como los osos polares.

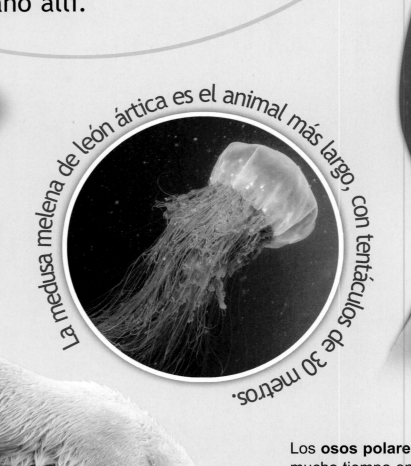

La medusa melena de león ártica es el animal más largo, con tentáculos de 30 metros.

Los **osos polares** pasan mucho tiempo en el hielo marino cazando focas. También pueden nadar por horas usando sus grandes y poderosas zarpas delanteras como remos.

La cría de la ballena jorobada nace en invierno en las aguas cálidas y serenas alrededor de Hawai.

Esta gran araña de mar vive en el lecho del mar Antártico.

Las ballenas jorobadas adultas comen más de 1000 kg de pequeños animales cada día.

La Antártida es el hogar de miles de **pingüinos**. Estas aves, que solo habitan en el hemisferio sur, bucean en el agua para cazar camarones y peces.

Las **ballenas jorobadas** visitan el Ártico cada verano para alimentarse. Acumulan grasa, de la cual viven por unos ocho meses mientras regresan a aguas más cálidas a pasar el invierno.

Los pingüinos no pueden volar, pero son excelentes nadadores.

Los pingüinos de Adelia viven en el hielo antártico.

Viaje a las profundidades

Muy por debajo de la superficie del océano, donde la luz del sol nunca llega, merodean muchos extraños e inusuales animales. Es demasiado profundo para que los humanos puedan llegar nadando, por eso estas profundidades se exploran desde un sumergible tripulado.

Página 22

¿Qué es esto?

① Anguila tragona, con una boca enorme para alimentarse.

② Pez abisal con grandes y agudos colmillos.

③ Calamar de aguas profundas.

El señuelo de un rape abisal, con el que atrae peces dentro de su boca.

Página 30

4

Un submarino explora un mundo de animales de aspecto aterrador, que son atraídos por las luces del sumergible. Peces temibles, con dientes como agujas, y una anguila tragona con una boca gigantesca nadan a su alrededor. Se ven pasar extrañas criaturas que producen su propia luz en la oscuridad.

5

Página 30

6

4 Las medusas de aguas profundas usan tentáculos para atrapar a sus presas.

5 El sumergible se desliza por el agua.

6 Rape abisal.

Minisubmarino equipado para la exploración subacuática.

El piloto y otras dos personas se acomodan dentro de la pequeña cabina.

El **minisubmarino** protege a los exploradores de la presión y el frío. Fuera del sumergible, el peso del agua aplastaría a un ser humano. La temperatura del agua es de unos 3 a 4 °C.

Exploración de las profundidades

El océano profundo es el último sitio realmente desconocido en la Tierra. Más personas han estado en la Luna que en el fondo del océano. Alrededor del 99 por ciento permanece inexplorado y aún quedan muchos descubrimientos por realizar.

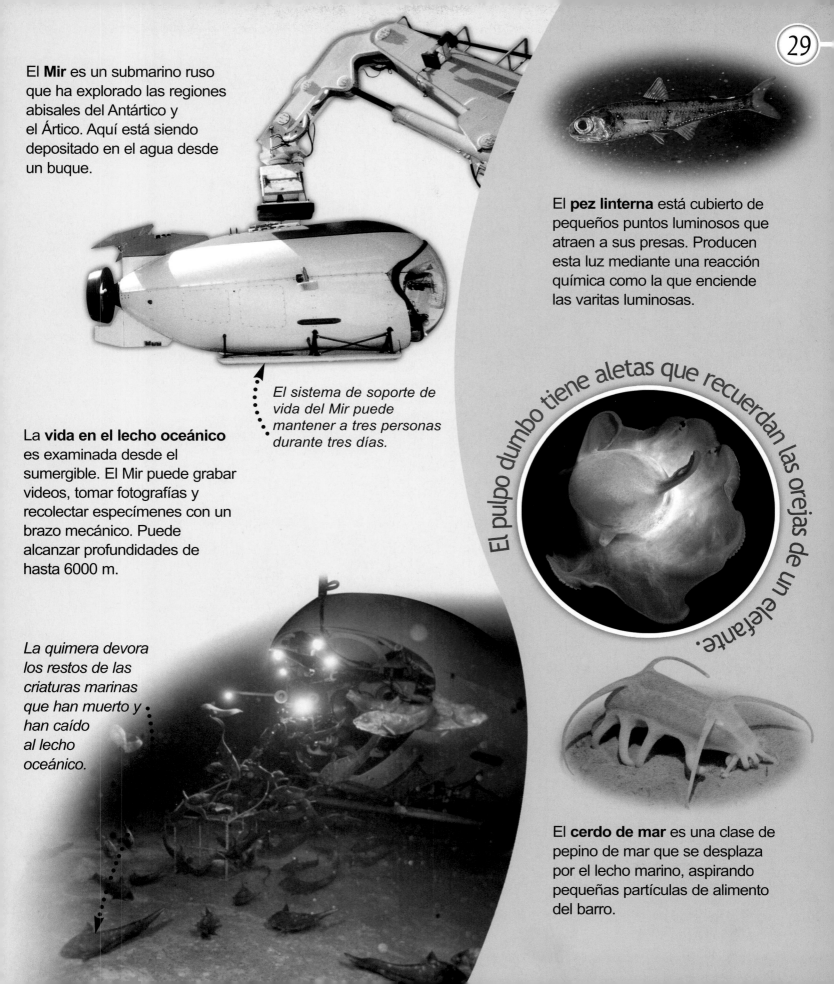

El **Mir** es un submarino ruso que ha explorado las regiones abisales del Antártico y el Ártico. Aquí está siendo depositado en el agua desde un buque.

El sistema de soporte de vida del Mir puede mantener a tres personas durante tres días.

La **vida en el lecho oceánico** es examinada desde el sumergible. El Mir puede grabar videos, tomar fotografías y recolectar especímenes con un brazo mecánico. Puede alcanzar profundidades de hasta 6000 m.

La quimera devora los restos de las criaturas marinas que han muerto y han caído al lecho oceánico.

El **pez linterna** está cubierto de pequeños puntos luminosos que atraen a sus presas. Producen esta luz mediante una reacción química como la que enciende las varitas luminosas.

El pulpo dumbo tiene aletas que recuerdan las orejas de un elefante.

El **cerdo de mar** es una clase de pepino de mar que se desplaza por el lecho marino, aspirando pequeñas partículas de alimento del barro.

Rape
abisal

Animales

El **pulpo** de anillos azules es uno de los animales más venenosos del mundo. Los pulpos tienen cerebros grandes y son muy inteligentes.

El **rape abisal** es solo una de las 20.000 especies de peces que habitan los océanos. Todos los peces tienen columna vertebral, escamas, aletas y branquias.

Ciencia

La **Luna** es la causa que explica el fenómeno de las mareas. Su gravedad atrae las aguas de todos los océanos y causa su elevación y descenso al girar alrededor de la Tierra.

La **escafandra autónoma** es un equipo que permite a las personas respirar bajo el agua. Consiste en un cilindro de aire o una mezcla especial de gases a alta presión.

Las **expediciones de observación de ballenas** les permiten a los científicos averiguar hacia dónde se dirigen cada año y aprender sobre su comportamiento. A menudo, los turistas pueden sumarse a estas expediciones.

Ballena
jorobada

Una **charca de marea** es un lugar ideal para comenzar a explorar los océanos. Observa diferentes tipos de algas y conchas, e intenta encontrar cangrejos, langostinos, peces y estrellas de mar.

Explorando

Conservación

Las playas deben mantenerse libres de **basura**, que resulta desastrosa para la vida. Los animales pueden asfixiarse o quedar atrapados por el plástico. La polución mata a animales y vegetales.

Los **arrecifes de coral** de todo el mundo están en peligro. La polución destruye a muchas criaturas de los arrecifes. El calentamiento de las aguas hace que los corales pierdan las algas que necesitan para sobrevivir.

Más para explorar

Focas arpa en el Océano Ártico

La **foca arpa** es un mamífero marino, como las ballenas, delfines y morsas. Puede permanecer bajo el agua por largo tiempo, pero regresa a la superficie para respirar y también pasa algún tiempo en tierra.

Puede que no vivan en el agua, pero muchas clases de **aves** dependen de los océanos para su alimentación. Este charrán se sumerge en las profundidades del océano para atrapar peces.

Los **animales** del **Ártico** y el **Antártico** están maravillosamente adaptados para sobrevivir al frío. Los peces que viven en estas aguas producen un anticongelante especial que evita la formación de cristales de hielo en su cuerpo. De este modo no se congelan.

Bacalao ártico

Algunos animales que viven en las partes más profundas y frías de los océanos son **biolumuniscentes.** Esto significa que brillan en la oscuridad, gracias a ciertas sustancias químicas que producen.

Los **arqueólogos submarinos** estudian naufragios y otras evidencias de la historia humana en los océanos. Pueden examinar los objetos en el lecho marino o llevarlos a la superficie cuidadosamente.

Un **sumergible de aguas profundas** les permite a los científicos alcanzar las mayores profundidades de los océanos, ¡hasta 6000 m! Allí pueden sacar fotografías y tomar muestras para estudiar.

Sumergible de aguas profundas

Muchas especies de **delfines** están protegidas, lo que significa que es ilegal dañarlos. De todos modos, muchos son heridos accidentalmente por redes de pesca.

El **calentamiento global** está causando el derretimiento del hielo en los polos. Esto hace la vida más difícil para los animales polares y provocará el ascenso de los niveles de los océanos en todo el mundo.

Índice

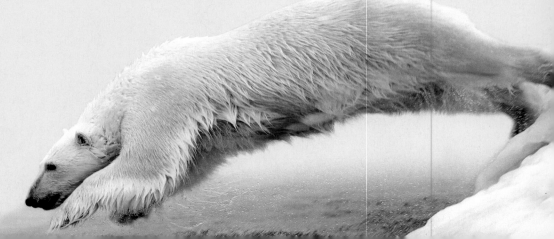